Impressum
Verlag: BABADADA GmbH, Nedderfeld 112 , 22529 Hamburg
Geschäftsführer / Verlagsleitung: Harald Hof
Druck: Books on Demand GmbH, In de Tarpen 42, 22848 Norderstedt

Imprint
Publisher: BABADADA GmbH, Nedderfeld 112 , 22529 Hamburg, Germany
Managing Director / Publishing direction: Harald Hof
Print: Books on Demand GmbH, In de Tarpen 42, 22848 Norderstedt

სკოლა
學校

საკლასო ოთახი
教室
გაყოფა
除
186/2
დაფა
黑板
სკოლის ეზო
მასწავლებელი
老師
ქაღალდი
紙
წერა
書寫
კალამი
筆
მაგიდა
辦公桌
სახაზავი
直尺
წიგნი
書
მოსწავლე
學生

ზურგჩანთა

書包

პენალი

鉛筆盒

ფანქარი

鉛筆

ფანქრების სათლელი

削鉛筆機

საშლელი

橡皮擦

ნახატების ალბომი

畫板

ნახატი

圖畫

ფუნჯი

畫筆

საღებავის ყუთი

顏料盒

მაკრატელი

剪刀

წებო

膠水

სავარჯიშო რვეული

練習冊

საშინაო დავალება

家庭作業

ნომერი

數字

დამატება

加

გამოკლება

減

გამრავლება

乘

გამოთვლა

計算

წერილი

字母

ანბანი

字母表

hello

სიტყვა

字

ტექსტი

課文

წაკითხვა

讀

ცარცი

粉筆

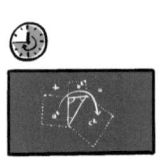

გაკვეთილი

上課

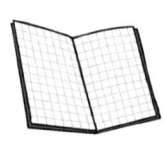

რეგისტრაცია

登記

გამოცდა

考試

სერტიფიკატი

證書

სკოლის ფორმა

校服

განათლება

教育

ენციკლოპედია

百科全書

უნივერსიტეტი

大學

მიკროსკოპი

顯微鏡

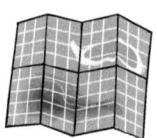

რუქა

地圖

კალათა ნარჩენი ქაღალდებისათვის

廢紙簍

სასტუმრო
飯店

Grand

ჰოსტელი
青年旅社

ROOMS

ვალუტის გადაცვლის პუნქტი
外幣兌換處

EXCHANGE

ჩემოდანი
手提箱

მანქანა
汽車

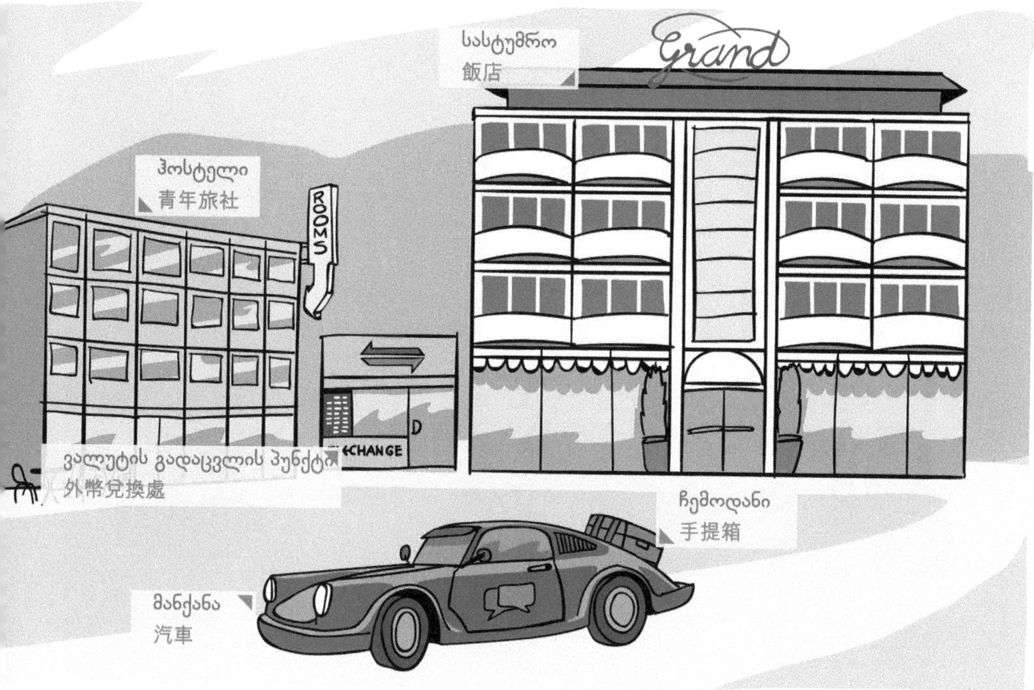

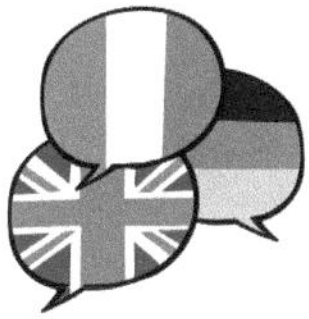

ენა

語言

კი / არა

是/否

კარგი

好的

გამარჯობა

您好

მთარგმნელი

翻譯人員

გმადლობთ

謝謝

რა ღირს... ?

......多少錢？

ვერ გავიგე

我不明白

პრობლემა

問題

აღამო მშვიდობისა!

晚上好！

დილა მშვიდობისა!

早上好！

ღამე მშვიდობისა!

晚安！

ნახვამდის

再見

მიმართულება

方向

ბარგი

行李

ჩანთა

包

ზურგჩანთა

背包

სტუმარი

客人

ოთახი

房間

საძილე ტომარა

睡袋

კარავი

帳篷

ტურისტული ინფორმაცია

旅行資訊

სანაპირო

海灘

საკრედიტო ბარათი

信用卡

საუზმე

早餐

ლანჩი

午餐

ვახშამი

晚餐

ბილეთი

票

ლიფტი

電梯

საფოსტო მარკა

郵票

საზღვარი

邊界

საბაჟო

海關

საელჩო

大使館

ვიზა

簽證

პასპორტი

護照

ტრანსპორტი
交通運送

თვითმფრინავი
飛機
გემი
船
სახანძრო მანქანა
消防車
ავტობუსი
公車
სატვირთო მანქანა
卡車
ოტორიზებული ნავი
气艇
ველოსიპედი
腳踏車
მანქანა
汽車

ბორანი

渡輪

ნავი

小船

მოტოციკლი

機車

პოლიციის მანქანა

警車

სარბოლო მანქანა

賽車

დაქირავებული მანქანა

租車

მანქანის ერთობლივი მოხმარება

拼車

საბუქსირე მანქანა

拖車

ნაგვის მანქანა

垃圾車

ძრავა

馬達

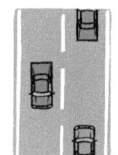

საწვავი

汽油

ბენზინგასამართი სადგური

加油站

საგზაო ნიშანი

交通標識

მოძრაობა

交通

საცობი

交通堵塞

მანქანის სადგომი

停車場

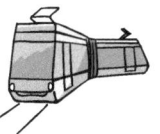

მატარებლის სადგური

火車站

ლიანდაგები

軌道

მატარებელი

火車

ტრამვაი

路面電車

ვაგონი

客車廂

ვერტმფრენი

直升機

აეროპორტი

機場

კოშკი

塔

მგზავრი

乘客

კონტეინერი

集裝箱

მუყაოს ყუთი

紙板箱

ურიკა

手推車

კალათა

籃子

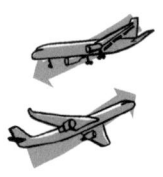

აფრენა / დაშვება

起飛/降落

ქალაქი
城市

სოფელი

村莊

ქალაქის ცენტრი

市中心

სახლი

房子

კინოთეატრი
電影院
CINEMA
რეკლამა
廣告
ქუჩის ლამპიონი
路燈
ქუჩა
街道
ტაქსი
計程車
სავაჭრო ჯიხური
小吃店
ქვეითი
行人
ტროტუარი
人行道
ქვეითების გადასასვლელი
斑馬線
ნაგვის ურნა
垃圾箱
ჯვარედინი
十字路口
შუქნიშანი
紅綠燈

ქოხი

小屋

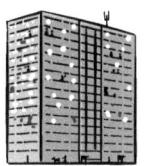

ბინა

公寓

მატარებლის სადგური

火車站

მუნიციპალიტეტი

市政廳

მუზეუმი

博物館

სკოლა

學校

უნივერსიტეტი

大學

ბანკი

銀行

საავადმყოფო

醫院

სასტუმრო

飯店

აფთიაქი

藥房

ოფისი

辦公室

წიგნების მაღაზია

書店

მაღაზია

商店

ფლორისტი

花店

სუპერმარკეტი

超市

ბაზარი

市場

მაღაზიის განყოფილება

百貨商店

თევზის გამყიდველი

魚店

სავაჭრო ცენტრი

購物中心

ნავსადგომი

海港

პარკი

公園

გრძელი სკამი

長凳

ხიდი

橋

კიბეები

樓梯

მიწისქვეშა გადასასვლელი

捷運

გვირაბი

隧道

ავტობუსის გაჩერება

公車站

ბარი

酒吧

რესტორანი

餐館

საფოსტო ყუთი

郵筒

ქუჩის ნიშანი

路標

პარკინგის საზომი

停車計時器

ზოოპარკი

動物園

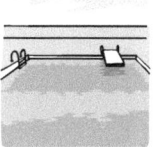

საცურაო აუზი

游泳池

მეჩეთი

清真寺

ფერმა

農場

გარემოს დაბინძურება

污染

სასაფლაო

墓地

ეკლესია

教堂

საბავშვო მოედანი

操場

ტაძარი

寺廟

ლანდშაფტი

地形

ფოთოლი
樹葉
გზის მანიშნებელი ნიშანი
指示牌
გზა
路
მდელო
草地
ქვა
石頭
მოგზაური
徒步旅行者
ხე
樹
მდინარე
河
ბალახი
草
ყვავილი
花

ხეობა

峽谷

გორაკი

丘陵

ტბა

湖

ტყე

森林

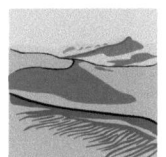

უდაბნო

沙漠

ვულკანი

火山

ციხე

城堡

ცისარტყელა

彩虹

სოკო

蘑菇

პალმა

棕櫚樹

კოღო

蚊子

ბუზი

蒼蠅

ჭიანჭველა

螞蟻

ფუტკარი

蜜蜂

ობობა

蜘蛛

ხოჭო

甲蟲

ბაყაყი

青蛙

ციყვი

松鼠

ზღარბი

刺蝟

კურდღელი

野兔

ბუ

貓頭鷹

ფრინველი

鳥

გედი

天鵝

ტახი

野豬

ირემი

鹿

ცხენ-ირემი

麋鹿

კაშხალი

水壩

ქარის ტურბინა

風力發電機

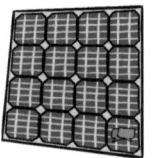

მზის ბატარეა

太陽能電池板

კლიმატი

氣候

რესტორანი
餐館

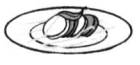

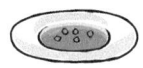

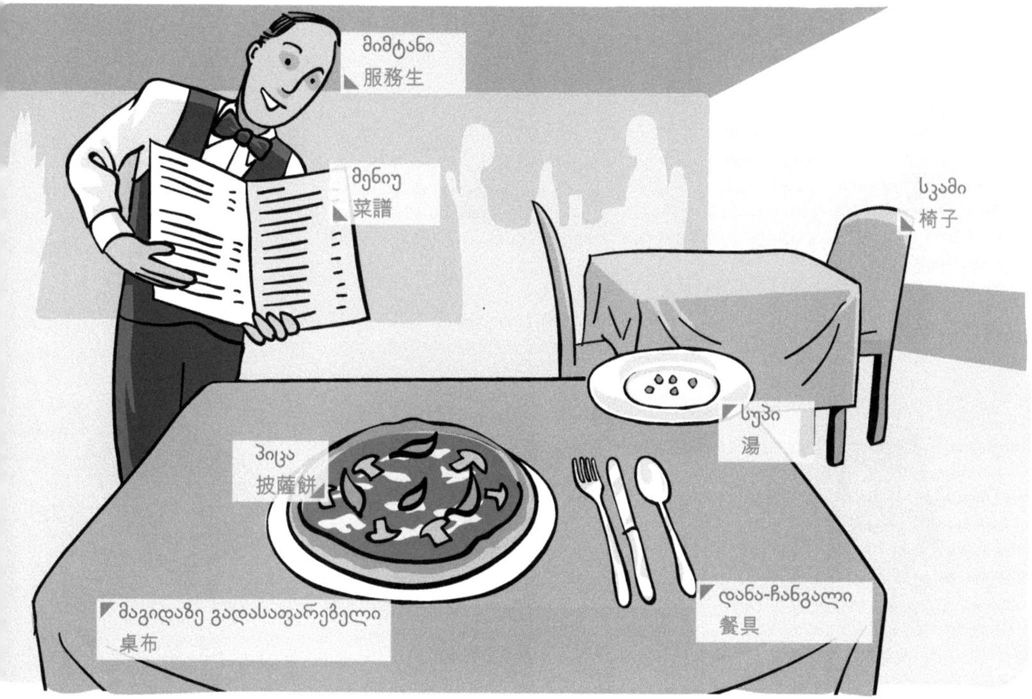

მიმტანი
服務生
მენიუ
菜譜
სკამი
椅子
სუპი
湯
პიცა
披薩餅
მაგიდაზე გადასაფარებელი
桌布
დანა-ჩანგალი
餐具

საუზმე
前菜

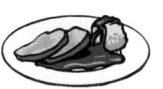

მთავარი კერძი
主菜

დესერტი
甜點

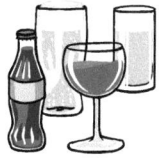

დასალევი
飲料

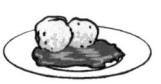

საჭმელი
食物

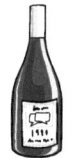

ბოთლი
瓶子

სწრაფი კვება

速食

ქუჩის საჭმელი

街邊小吃

ჩაიდანი

茶壺

საშაქრე

糖盒

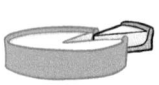

პორცია

一份飯菜

ესპრესოს მანქანა

義式咖啡機

მაღალი სკამი

高腳椅

ანგარიში

帳單

ლანგარი

托盤

დანა

刀

ჩანგალი

餐叉

კოვზი

勺子

ჩაის კოვზი

茶匙

ხელსახოცი

餐巾

ჭიქა

玻璃杯

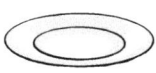

თეფში

碟子

სუპის თეფში

湯盤

ჩაის ლამბაქი

碟子

საწებელი

醬

სამარილე

鹽瓶

წიწაკის საფქვავი

胡椒研磨罐

ძმარი

醋

ზეთი

食用油

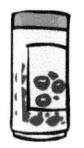

სანელებლები

調味料

კეტჩუპი

番茄醬

მდოგვი

芥末

მაიონეზი

美乃滋

სუპერმარკეტი

超市

სპეციალური შეთავაზება
特價
FOR
მომხმარებელი
顧客
რძის ნაწარმი
乳製品
ხილი
水果
ურიკა
購物車

საყასბო

肉鋪

საცხობი

麵包店

აწონვა

稱重

ბოსტნეული

蔬菜

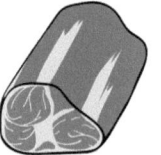

ხორცი

肉

გაყინული საკვები

冷凍食品

გრილი ხორცი

冷盤

კონსერვები

罐頭食品

სარეცხი ფხვნილი

洗衣粉

ტკბილეული

甜食

საყოფაცხოვრებო პროდუქტები

日用品

სარეცხი საშუალებები

清潔用品

გამყიდველი

銷售員

სალარო

收銀機

მოლარე

收銀員

საყიდლების სია

購物清單

მუშაობის საათები

開放時間

პორტმანი

錢包

საკრედიტო ბარათი

信用卡

ჩანთა

袋子

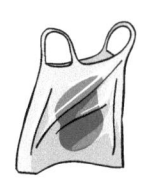

პლასტიკური პარკი

塑膠袋

დასალევი
飲料

წყალი

水

წვენი

果汁

რძე

牛奶

კოკა-კოლა

可樂

ღვინო

紅酒

ლუდი

啤酒

ალკოჰოლი

酒

კაკაო

可可

ჩაი

茶

ყავა

咖啡

ესპრესო

義式濃縮咖啡

კაპუჩინო

卡布奇諾

საჭმელი
食物

ბანანი

香蕉

ვაშლი

蘋果

ფორთოხალი

柳丁

საზამთრო

西瓜

ლიმონი

檸檬

სტაფილო

胡蘿蔔

ნიორი

大蒜

ბამბუკი

竹子

ხახვი

洋蔥

სოკო

蘑菇

კაკალი

堅果

ატრია

麵條

სპაგეტი

義大利麵

ბრინჯი

米飯

სალათი

沙拉

ჩიპსები

薯條

შემწვარი კარტოფილი

炸馬鈴薯

პიცა

披薩餅

ჰამბურგერი

漢堡

სენდვიჩი

三明治

კოტლეტი

炸豬排

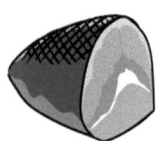

ლორი

火腿

სალიამი

義大利臘腸

ძეხვი

香腸

წიწილა

雞肉

შემწვარი ხორცი

烤肉

თევზი

魚

შვრიის ფაფა

燕麥片

მუსლი

木斯里

სიმინდის ფანტელები

玉米片

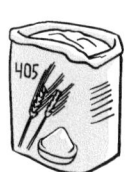

ფქვილი

麵粉

კრუასანი

牛角麵包

ბულკი

麵包捲

პური

麵包

ტოსტი

吐司

ნამცხვრები

餅乾

კარაქი

奶油

ხაჭო

凝乳

ტორტი

蛋糕

კვერცხი

蛋

ერბო-კვერცხი

煎蛋

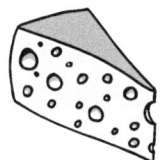

ყველი

起司

ნაყინი

冰淇淋

შაქარი

糖

თაფლი

蜂蜜

ჯემი

果醬

შოკოლადის კრემი

巧克力醬

კარი

咖哩

ფერმა
農場

თავლა
糧倉
ჩალის შეკვრა
稻草捆
ყანა
田野
ცხენი
馬
მისაბმელი
拖車
ტრაქტორი
拖拉機
კვიცი
馬駒
ვირი
驢
ცხვარი
羊
ცხვარი
羔羊

თხა

山羊

ძროხა

奶牛

ხბო

小牛

ღორი

豬

გოჭი

小豬

ხარი

公牛

ბატი

鵝

იხვი

鴨

წიწილა

小雞

ქათამი

母雞

მამალი

公雞

ვირთხა

鼠

კატა

貓

თაგვი

老鼠

ხარი

牛

ძაღლი

狗

საძაღლე

狗屋

ბაღის შლანგი

花園澆水軟管

საბაღე წურწურა

澆水壺

ცელი

長柄大鐮刀

გუთანი

犁

ნამგალი

鐮刀

თოხი

鋤頭

პატივის სახვეტი ჩანგალი

長柄草耙

ცული

斧頭

მაზიდი

獨輪手推車

გობი

飼料槽

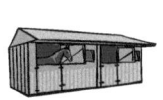

რძის ბიდონი

牛奶罐

ტომარა

麻布袋

ღობე

柵欄

ბოსელი

馬廄

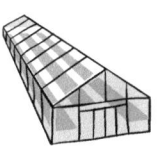

სათბური

溫室

ნიადაგი

土壤

თესლი

種子

სასუქი

肥料

მოსავლის ამღები კომბაინი

聯合收割機

მოსავლის აღება

收割

მოსავალი

收割

იამი

地瓜

ხორბალი

小麥

სოიო

大豆

კარტოფილი

土豆

სიმინდი

玉米

სარეველას თესლი

油菜籽

ხეხილი

果樹

მანიოკი

樹薯

მარცვლეული

穀物

სახლი
房子

ბუხარი
煙囪
სახურავი
屋頂
წყალსადინარი მილი
落水管
ფანჯარა
窗戶
ავტოფარეხი
車庫
კარის ზარი
門鈴
კარი
門
ნაგვის ყუთი
垃圾桶
საფოსტო ყუთი
信箱
ბაღი
花園

მისაღები ოთახი

客廳

აბაზანა

浴室

სამზარეულო

廚房

საძინებელი

臥室

საბავშვო ოთახი

兒童房

სასადილო ოთახი

餐廳

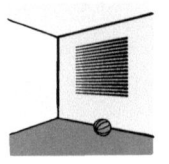

სართული

地板

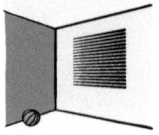

კედელი

牆壁

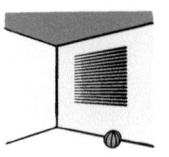

ჭერი

天花板

სარდაფი

地窖

საუნა

三溫暖

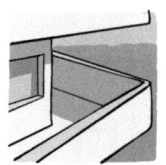

აივანი

陽臺

ტერასა

露臺

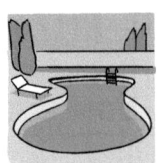

აუზი

游泳池

გაზონის საკრეჭი

割草機

საბნის კონვერტი

被單

საწოლი

床罩

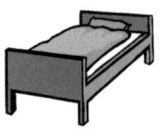

ლოგინი

床

ცოცხი

掃帚

სათლი

水桶

გადამრთველი

開關

მისაღები ოთახი
客廳

შპალერი
壁紙
ნახატი
相片
ნათურა
檯燈
თარო
擱架
კარადა
櫥櫃
ტელევიზორი
電視
ბუხარი
壁爐
ყვავილი
花
ბალიში
墊子
დივანი
沙發
ვაზა
花瓶
დისტანციური მართვა
遙控器

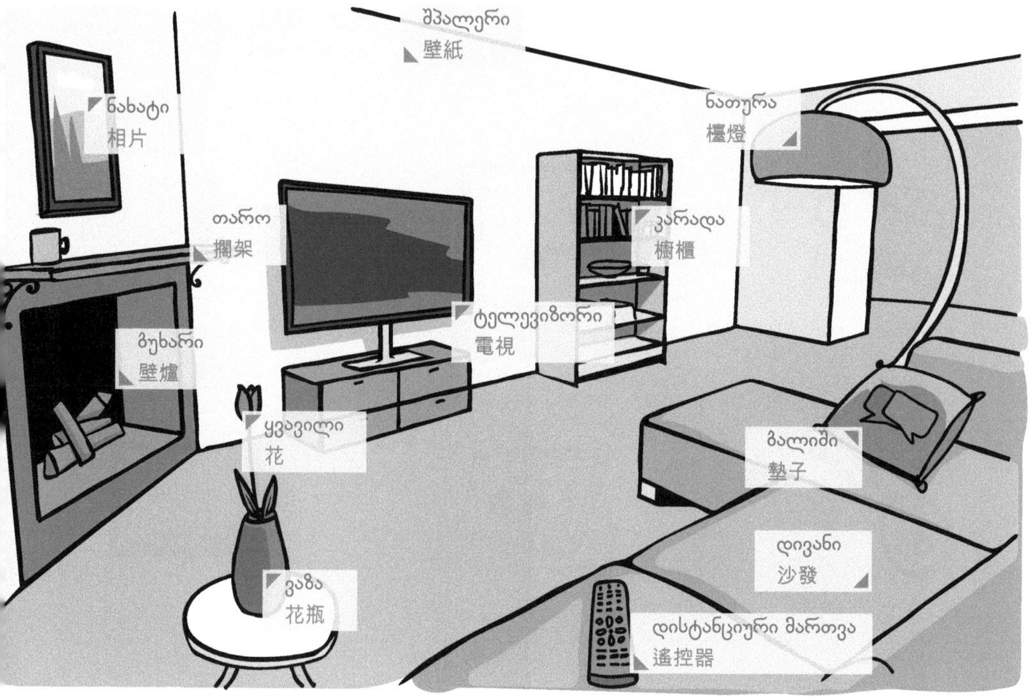

ხალიჩა

地毯

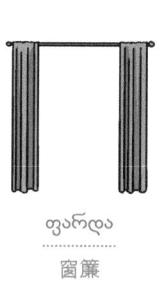

ფარდა

窗簾

მაგიდა

餐桌

სკამი

椅子

სარწეველა სკამი

搖椅

სავარძელი

扶手椅

წიგნი

書

საბანი

毯子

დეკორაცია

裝飾品

შეშა

木柴

ფილმი

電影

hi-fi მოწყობილობები

高傳真音響

გასაღები

鑰匙

გაზეთი

報紙

ფერწერა

油畫

პლაკატი

海報

რადიო

收音機

ბლოკნოტი

筆記本

მტვერსასრუტი

吸塵器

კაქტუსი

仙人掌

სანთელი

蠟燭

სამზარეულო
廚房

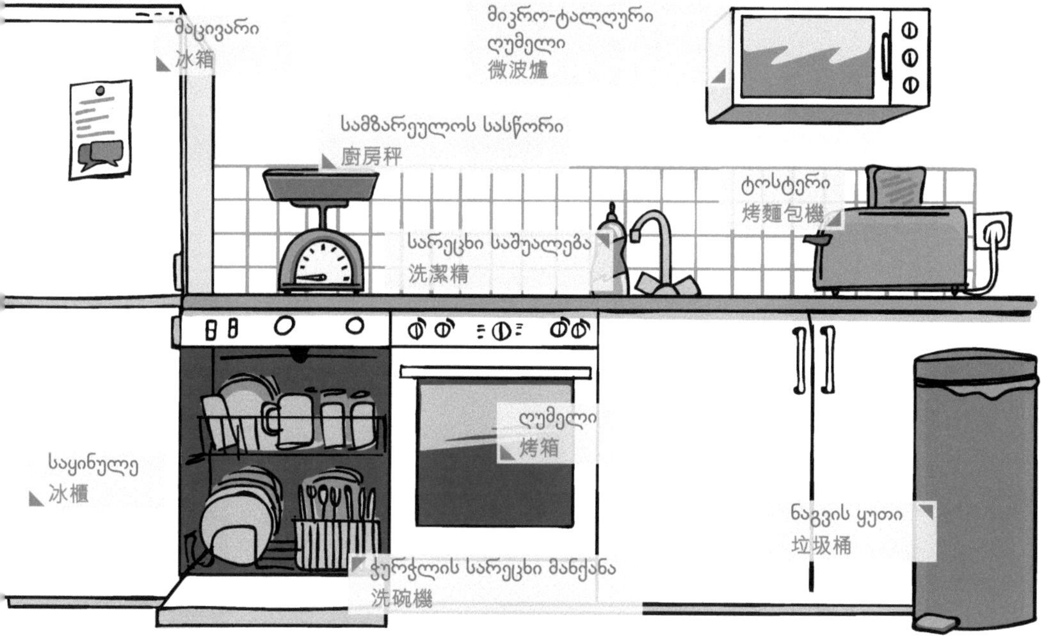

მაცივარი
冰箱
მიკრო-ტალღური ღუმელი
微波爐
სამზარეულოს სასწორი
廚房秤
ტოსტერი
烤麵包機
სარეცხი საშუალება
洗潔精
ღუმელი
烤箱
საყინულე
冰櫃
ნაგვის ყუთი
垃圾桶
ჭურჭლის სარეცხი მანქანა
洗碗機

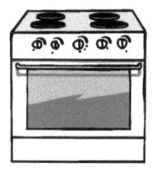

გაზქურა

炊具

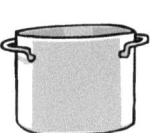

ქოთანი

鍋

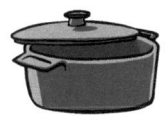

თუჯის ქვაბი

鑄鐵鍋

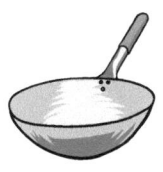

ტაფა ამობერილი ფსკერით

炒鍋

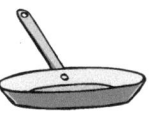

ტაფა

平底鍋

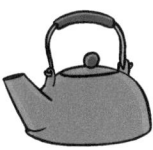

ჩაიდანი

水壺

ორთქლსახარში

蒸鍋

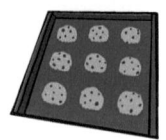

საცხობი ლანგარი

烤盤

ჭურჭელი

陶瓷鍋

კათხა

馬克杯

თასი

碗

ჩინური ჩხირები

筷子

ჩამჩა

長柄勺

ფითხი

鏟子

სათქვეფელა

攪拌器

საწური

濾網

საცერი

篩子

სახეხი

磨碎機

სანაყი

研缽

გრილი

燒烤

კოცონი

明火

დაფა

菜板

საგორავი

擀麵杖

ბურღი

開瓶器

ქილა

罐子

ქილის გასახსნელი

開罐器

ქოთნის დამჭერი

隔熱手套

ნიჟარა

水槽

ფუნჯი

刷子

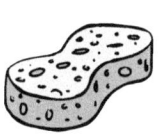

ღრუბელი

海綿

ბლენდერი

攪拌機

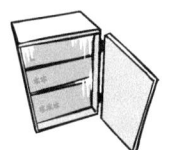

საყინულე კამერა

冷藏箱

საბავშვო ბოთლი

奶瓶

ონკანი

水龍頭

აბაზანა

浴室

გათბობა
პირსახოცი
毛巾
შხაპი
淋浴
საშხაპე ფარდა
浴簾
ღრუბლიანი აბანო
ვანა
浴缸
ჭიქა
玻璃杯
სარეცხი მანქანა
洗衣機
ონკანი
水龍頭
ფილები
瓷磚
ღამის ქოთანი
便壺
ნიჟარა
水槽

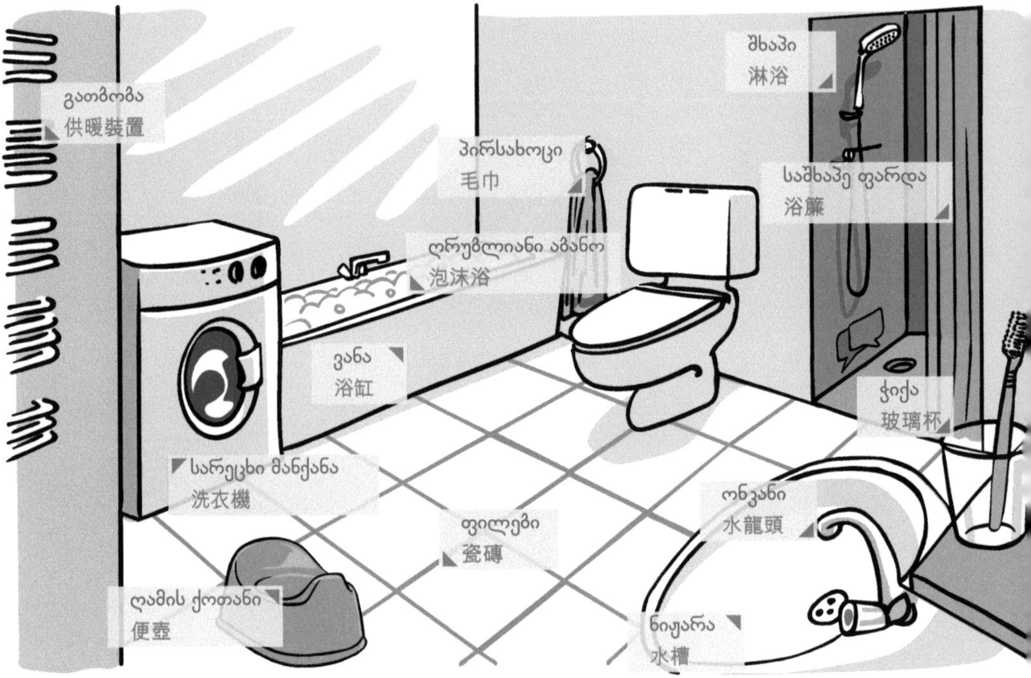

ტუალეტი

廁所

იატაკის ტუალეტი

蹲便器

ბიდე

坐浴器

კედლის პისუარი

小便斗

ტუალეტის ქაღალდი

廁紙

ტუალეტის ჯაგრისი

馬桶刷

კბილის ჯაგრისი

牙刷

კბილის პასტა

牙膏

კბილის ძაფი

牙線

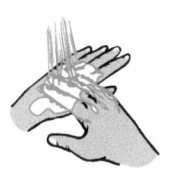

რეცხვა

洗

ხელის შხაპი

手持式蓮蓬頭

ინტიმური შხაპი

沖洗器

ტაშტი

洗臉盆

ზურგის სახეხი ფუნჯი

洗背刷

საპონი

肥皂

შხაპის გელი

沐浴露

შამპუნი

洗髮乳

ნეჭა

法蘭絨

სანიაღვრე

排水

კრემი

乳霜

დეოდორანტი

除臭劑

სარკე

鏡子

ხელის სარკე

手鏡

ბრიტვა

刮鬍刀

საპარსი ქაფი

刮鬍泡沫

საშუალება გაპარსვის შემდეგ

鬚後水

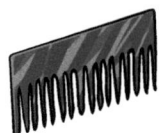

სავარცხელი

梳子

ჯაგრისი

刷子

თმის საშრობი

吹風機

თმის ლაქი

噴髮定型劑

კოსმეტიკა

化妝品

ტუჩების პომადა

唇膏

ფრჩხილის ლაქი

指甲油

ბამბა

化妝棉

ფრჩხილის მაკრატელი

指甲剪

სუნამო

香水

კოსმეტიკის ჩანთა

洗漱包

ტაბურეტი

凳子

სასწორი

計重秤

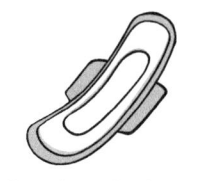

საბაზანო ხალათი

浴袍

რეზინის ხელთათმანები

橡膠手套

ტამპონი

衛生棉條

სანიტარული პირსახოცი

衛生棉

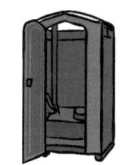

ბიო-ტუალეტი

化學廁所

საბავშვო ოთახი

兒童房

მაღვიძარა
鬧鐘
რბილი სათამაშო
毛絨玩具
სათამაშო მანქანა
玩具車
ჩხარუნა სათამაშო
撥浪鼓
თოჯინების სახლი
玩具屋
საჩუქარი
禮物

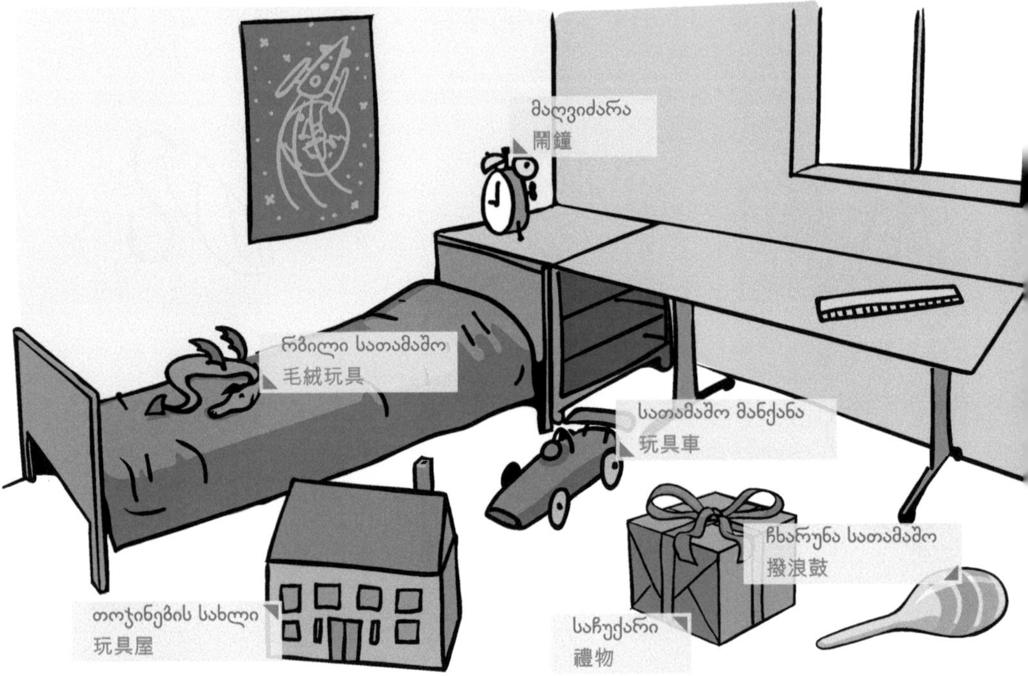

ბუშტი

氣球

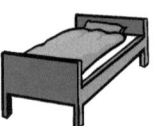

ლოგინი

床

საბავშვო ეტლი

嬰兒車

კარტის თამაში

撲克牌

პაზლი

拼圖

კომიქსი

漫畫

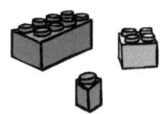

ლეგოს აგურები

樂高積木

ასაშენებელი კუბიკები

積木玩具

სათამაშო ფიგურა

公仔

საცოცავი

嬰兒服

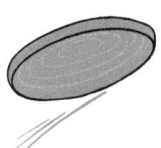

ფრისბი

飛盤

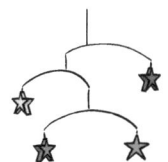

მობილე

床鈴玩具

სამაგიდო თამაში

棋盤遊戲

კამათელი

骰子

რკინიგზის მოდელი

火車模型

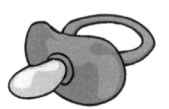

საწოვარა

安撫奶嘴

წვეულება

派對

წიგნი ნახატებით

繪本

ბურთი

球

თოჯინა

洋娃娃

თამაში

玩

საქვიშარი

沙坑

საქანელა

鞦韆

სათამაშოები

玩具

ვიდეო თამაშის კონსოლი

電玩遊戲

სამთვლიანი ველოსიპედი

三輪車

დათუნია

泰迪熊

გარდერობი

衣櫃

ტანსაცმელი

衣服

წინდები

襪子

ჩულქები

長襪

კოლგოტები

緊身褲

შარფი
圍巾

ქოლგა
雨傘

მკლავებიანი მაისური
T恤

ქამარი
皮帶

ბოტასები
運動鞋

ფეხსაცმელი
靴子

ჩუსტები
拖鞋

სანდლები

涼鞋

ფეხსაცმელი

鞋

რეზინის ჩექმები

雨靴

ტრუსები

內褲

ბიუსჰალტერი

胸罩

მაისური

背心

ტანსაცმელი - 衣服

სხეული

身體

შარვალი

褲子

ჯინსი

牛仔褲

ქვედაკაბა

短裙

ბლუზი

女式襯衫

პერანგი

襯衫

სვიტრი

套頭衫

კაპიუშონიანი ჟაკეტი

連帽上衣

სპორტული ქურთუკი

西裝夾克

ჟაკეტი

夾克

პალტო

外套

საწვიმარი

雨衣

კოსტუმი

套裝

კაბა

連衣裙

საქორწილო კაბა

婚紗

კაცის კოსტიუმი

西裝

ღამის პერანგი

睡袍

პიჟამოები

睡衣

სარი

莎麗

თავშალი

頭巾

ტურბანი

包頭巾

ჩადრი

波卡

ხიფთანი

卡夫坦

აბაია

(阿拉伯式)長袍

საცურაო კოსტუმი

泳衣

ჩემოდნები

男式泳褲

შორტები

短褲

სპორტული კოსტიუმი

運動服

წინსაფარი

圍裙

ხელთათმანები

手套

ღილი

鈕扣

სათვალეები

眼鏡

სამაჯური

手鏈

ყელსაბამი

項鍊

ბეჭედი

戒指

საყურე

耳環

კეპი

便帽

საკიდი

衣架

ქუდი

帽子

ჰალსტუხი

領帶

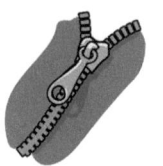

ელვა-შესაკრავის შეკვრა

拉鍊

ჩაფხუტი

安全帽

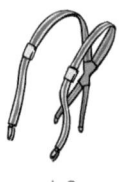

აჭიმი

背帶

სკოლის ფორმა

校服

ფორმა

制服

ბავშვის წინსაფარი

圍兜

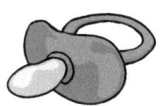

საწოვარა

安撫奶嘴

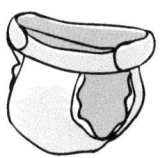

პამპერსი

尿布

ოფისი

辦公室

სერვერი
伺服器
საკანცელარიო კარადა
檔案櫃
ქაღალდი
紙
პრინტერი
印表機
მონიტორი
螢幕
მაგიდა
辦公桌
თაგვი
滑鼠
საქაღალდე
資料夾
კლავიატურა
鍵盤
ლათა ნარჩენი ქაღალდებისათვის
紙簍
სკამი
椅子
კომპიუტერი
電腦

ყავის ფინჯანი

咖啡杯

კალკულატორი

計算機

ინტერნეტი

網際網路

ლეპტოპი

筆記型電腦

წერილი

信件

მესიჯი

簡訊

მობილური ტელეფონი

行動電話

ქსელი

網路

სკანერი

影印機

პროგრამული
უზრუნველყოფა

軟體

ტელეფონი

電話

როზეტი

插座

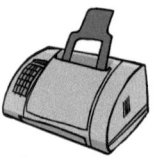

ფაქსის მანქანა

傳真機

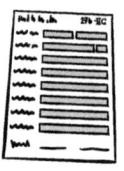

ფორმულარი

表格

დოკუმენტი

檔案

ყიდვა

買

გადახდა

付錢

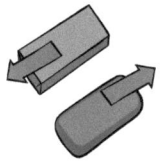

ვაჭრობა

交易

ფული

現金

დოლარი

美元

ევრო

歐元

იენი

日元

რუბლი

盧布

შვეიცარული ფრანკი

瑞士法郎

ჟენმინბი იუანი

人民幣

რუპი

盧比

ბანკომატი

提款處

ვალუტის გადაცვლის პუნქტი
外幣兌換處

ოქრო
金

ვერცხლი
銀

ნავთობი
石油

ენერგია
能源

ფასი
價格

ხელშეკრულება
合約

გადასახადი
稅金

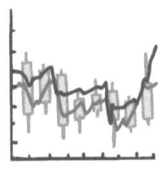

აქცია
股票

მუშაობა
工作

თანამშრომელი
職員

დამსაქმებელი
老闆

ქარხანა
工廠

მაღაზია
商店

პროფესიები
職業

პოლიციის ოფიცერი
警官
მეხანძრე
消防員
მზარეული
廚師
ექიმი
醫師
მფრინავი
飛行員

მებაღე
園丁

დურგალი
木匠

თეთრეულის მკერავი ქალბატონი
裁縫

მოსამართლე
法官

ქიმიკოსი
化學家

მსახიობი
演員

ავტობუსის მძღოლი

公車司機

ტაქსის მძღოლი

計程車司機

მეთევზე

漁夫

დამლაგებელი ქალბატონი

清洗女工

სახურავის ოსტატი

屋頂工

მიმტანი

服務生

მონადირე

獵人

ფერმწერი

畫家

მცხობელი

麵包師

ელექტრიკოსი

電工

მშენებელი

建築工人

ინჟინერი

工程師

ყასაბი

屠夫

სანტექნიკოსი

水管工

ფოსტალიონი

郵差

ჯარისკაცი

士兵

არქიტექტორი

建築師

მოლარე

收銀員

ფლორისტი

花農

პარიკმახერი

理髮師

კონდუქტორი

售票員

მექანიკოსი

機械技師

კაპიტანი

船長

სტომატოლოგი

牙醫

მეცნიერი

科學家

რაბინი

拉比

იმამი

伊瑪目

ბერი

和尚

სასულიერო პირი

牧師

იარაღები

工具

ჩაქუჩი
鐵錘
ბრტყელტუჩა
鉗子
სახრახნისი
螺絲起子
ქანჩის გასაღები
扳手
ჯიბის სანათი
手電筒

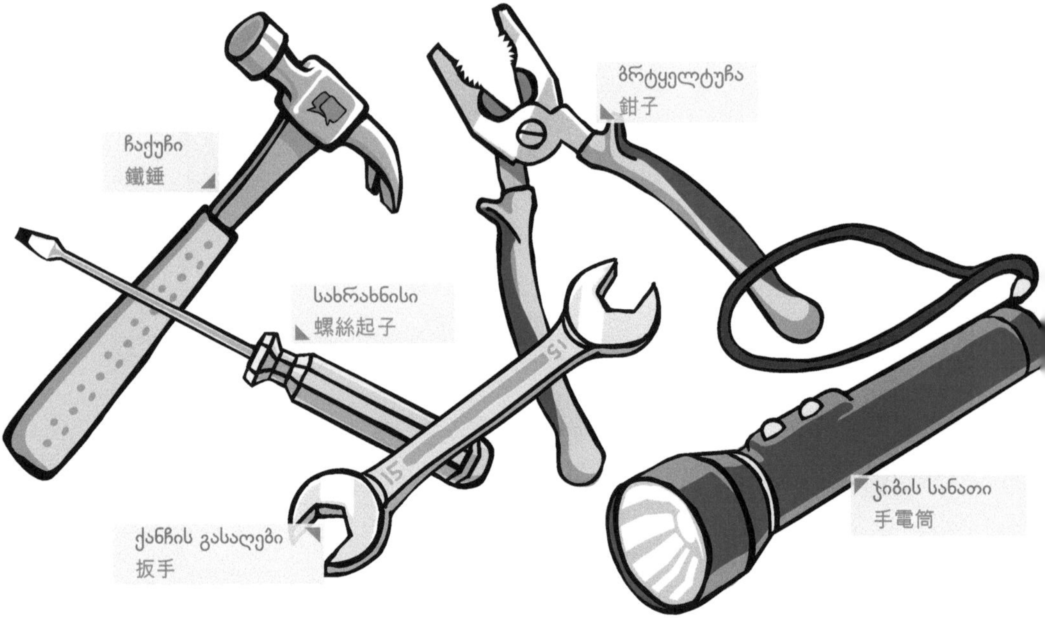

ექსკავატორი

挖掘機

იარაღების ყუთი

工具箱

კიბე

梯子

ხერხი

鋸子

ლურსმები

釘子

საბურღი

鑽機

შეკეთება

修

ნიჩაბი

鏟子

ანდაბა!

糟糕！

აქანდაზი

畚箕

საღებავის ქოთანი

油漆桶

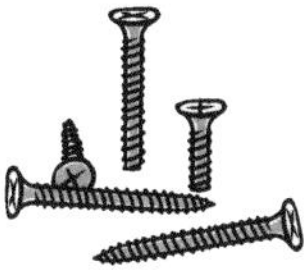

ხრახნები

螺絲

მუსიკალური ინსტრუმენტები

樂器

რეპროდუქტორ
ი
揚聲器
დასარტყამი ინსტრუმენტების კრებული
打擊樂器
გიტარა
吉他
კონტრაბასი
低音提琴
საყვირი
小號

ფორტეპიანო

鋼琴

ვიოლინო

小提琴

ბასი

貝斯

ტიმპანონი

定音鼓

დასარტყამები

鼓

კლავიშები

電子琴

საქსოფონი

薩克斯風

ფლეიტა

長笛

მიკროფონი

麥克風

ზოოპარკი
動物園

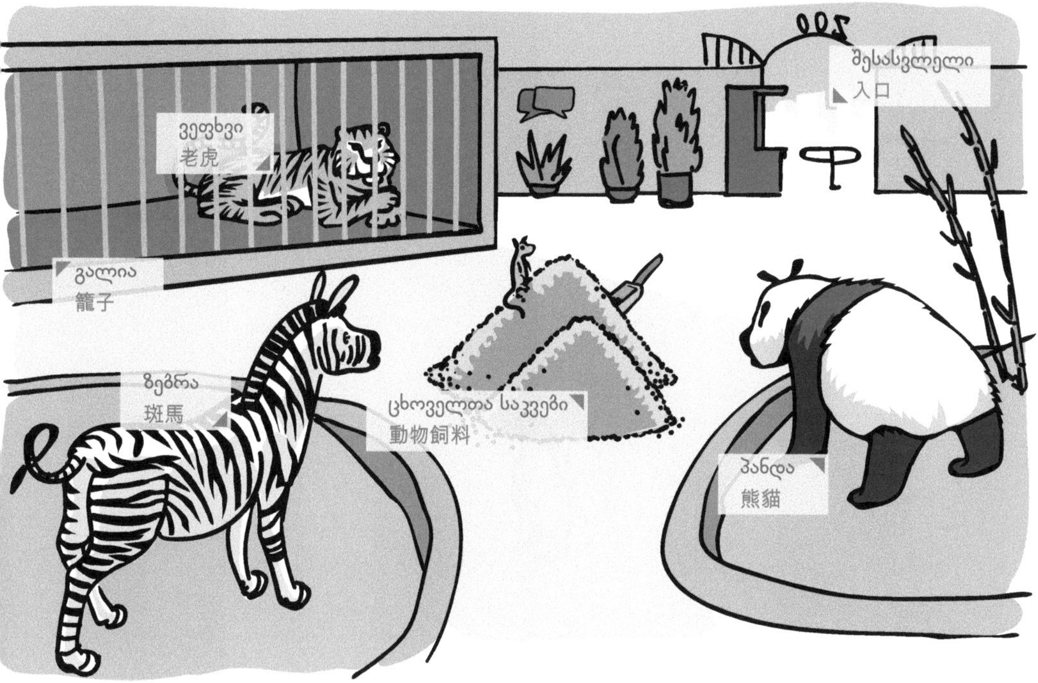
ვეფხვი
老虎
შესასვლელი
入口
გალია
籠子
ზებრა
斑馬
ცხოველთა საკვები
動物飼料
პანდა
熊貓

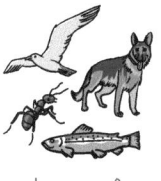

ცხოველები

動物

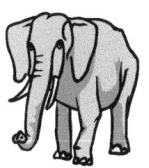

სპილო

大象

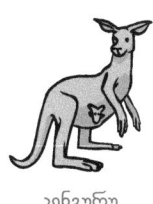

კენგურუ

袋鼠

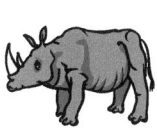

მარტორქა

犀牛

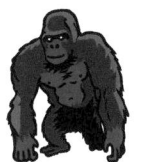

გორილა

大猩猩

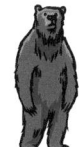

დათვი

熊

აქლემი
....
駱駝

სირაქლემა
....
鴕鳥

ლომი
....
獅子

მაიმუნი
....
猴子

ფლამინგო
....
紅鶴

თუთიყუში
....
鸚鵡

პოლარული დათვი
....
北極熊

პინგვინი
....
企鵝

ზვიგენი
....
鯊魚

ფარშევანგი
....
孔雀

გველი
....
蛇

ნიანგი
....
鱷魚

ზოოპარკის მფლობელი
....
動物園管理員

სელაპი
....
海豹

იაგუარი
....
美洲豹

პონი

矮種馬

ლეოპარდი

豹

ბეჰემოტი

河馬

ჟირაფი

長頸鹿

არწივი

老鷹

ტახი

野豬

თევზი

魚

კუ

龜

მორჟი

海象

მელა

狐狸

გაზელი

羚羊

სპორტი

體育

ამერიკული ფეხბურთი
橄欖球
ველოსპორტი
騎腳踏車
ჩოგბურთი
網球
კალათბურთი
籃球
ცურვა
游泳
კრივი
拳擊
ყინულის ჰოკეი
冰球

ფეხბურთი

美式足球

ბადმინტონი

羽毛球

მძლეოსნობა

田徑

ხელბურთი

手球

სათხილამურო სპორტი

滑雪

წყლის პოლო

馬球

62 სპორტი - 體育

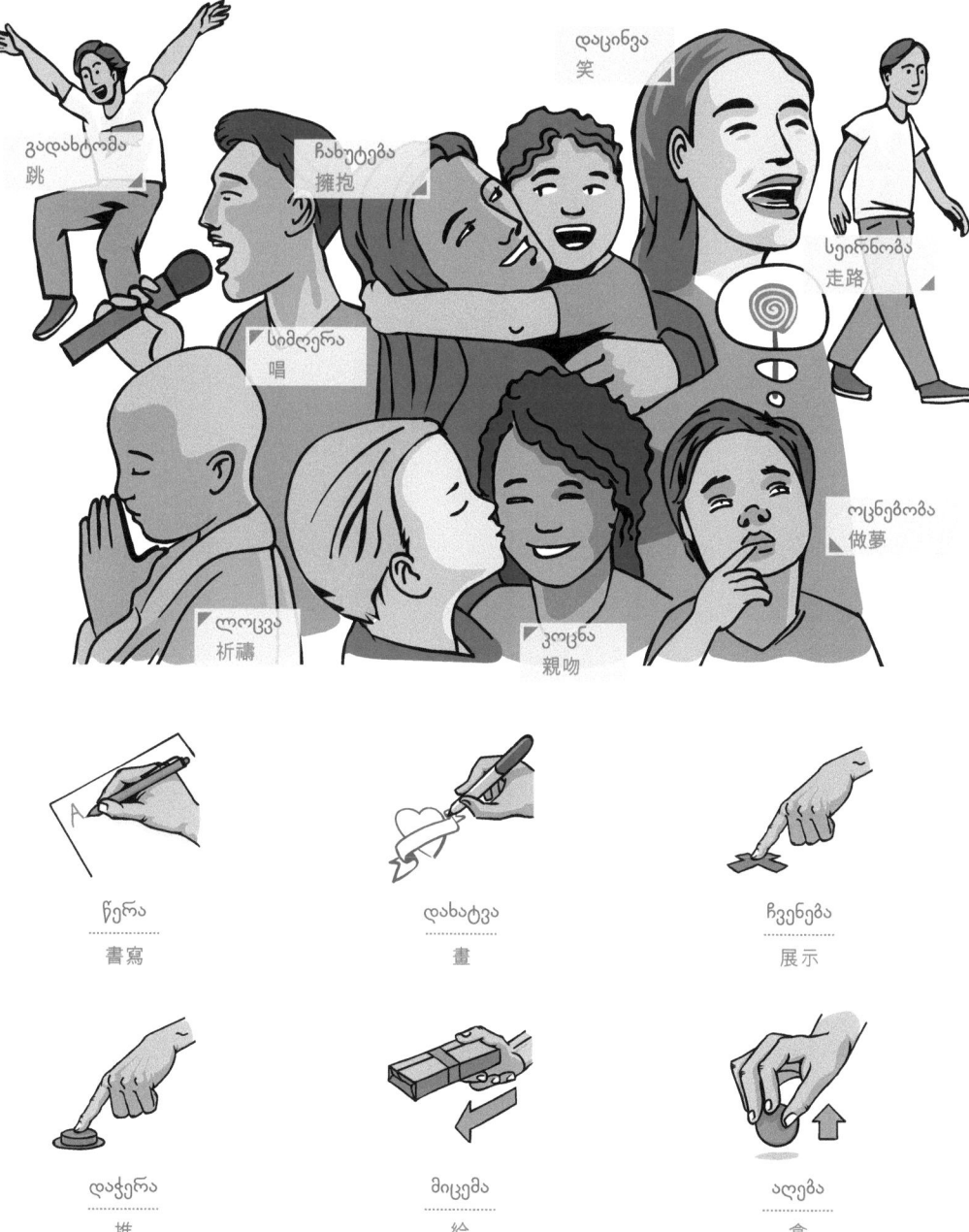

გადახტომა
跳

ჩახუტება
擁抱

დაცინვა
笑

სეირნობა
走路

სიმღერა
唱

ოცნებობა
做夢

ლოცვა
祈禱

კოცნა
親吻

წერა
書寫

დახატვა
畫

ჩვენება
展示

დაჭერა
推

მიცემა
給

აღება
拿

ქონა

有

კეთება

做

ყოფნა

當

დგომა

站

გარბენა

跑

მოქაჩვა

拉

გადაყრა

丟

დაცემა

摔倒

ტყუილის თქმა

躺

მოცდენა

等待

ტარება

攜帶

ჯდომა

坐

ჩაცმა

穿衣

ძილი

睡覺

გაღვიძება

醒來

დათვალიერება

看

ტირილი

哭

გაუთოება

擊

დავარცხნა

梳頭

ლაპარაკი

交談

გაგება

明白

შეკითხვა

問

მოსმენა

聽

დალევა

喝

ჭამა

吃

დალაგება

清理

ყვარება

愛

კერძების მზადება

做飯

სვლა

開車

ფრენა

飛

აფრის ქვეშ სიარული

航行

გამოთვლა

計算

წაკითხვა

讀

შესწავლა

學習

მუშაობა

工作

ქორწინება

結婚

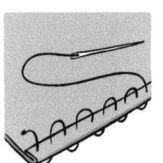

კერვა

縫

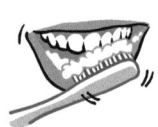

კბილების ხეხვა

刷牙

მოკვლა

殺

მოწევა

抽菸

გაგზავნა

寄

ოჯახი

家

ბებია
祖母
祖父
მამა
父親
დედა
母親
ბავშვი
嬰兒
ქალიშვილი
女兒
ვაჟიშვილი
兒子

სტუმარი

客人

დეიდა

阿姨

ბიძა

叔叔

ძმა

兄弟

და

姐妹

სხეული

身體

შუბლი
前額
თვალი
眼睛
მხარი
肩膀
თითი
手指
სახე
臉
ნიკაპი
下巴
ხელი
手
ფეხი
腿
მკერდი
乳房
მკლავი
手臂

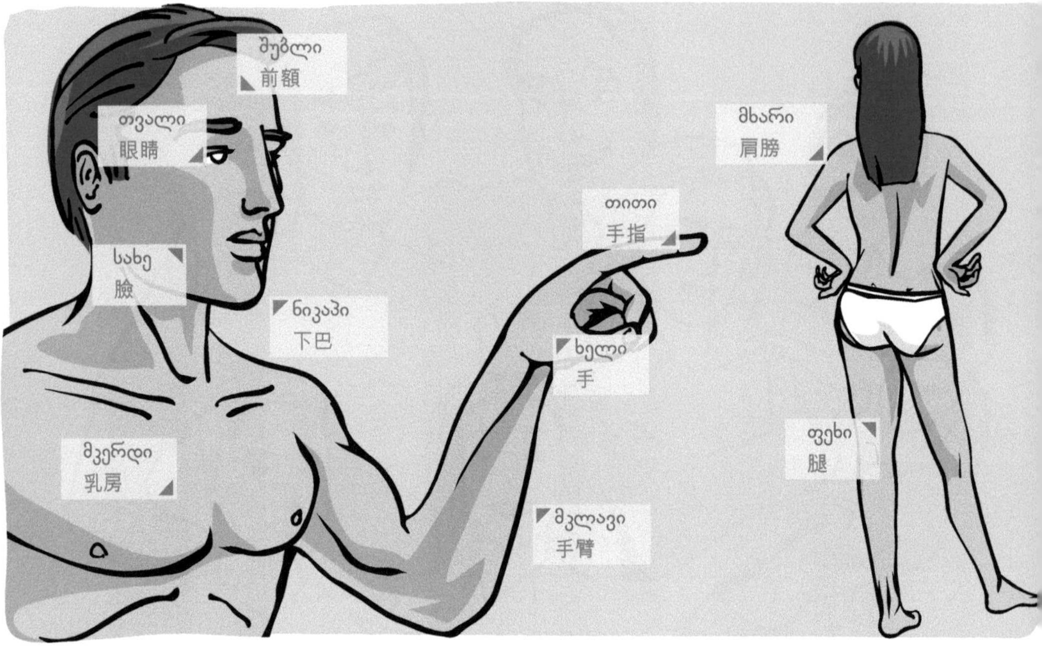

ბავშვი

嬰兒

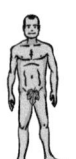

კაცი

男人

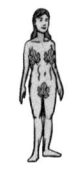

ქალი

女人

გოგო

女孩

ბიჭი

男孩

თავი

頭

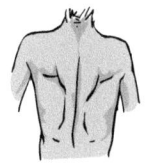

ზურგი

背部

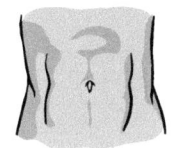

მუცელი

肚子

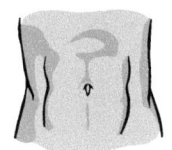

ჭიპი

肚臍

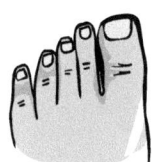

ფეხის თითი

腳趾

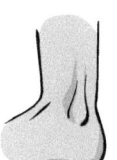

ქუსლი

腳後跟

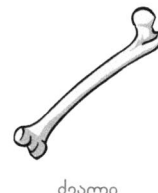

ძვალი

骨頭

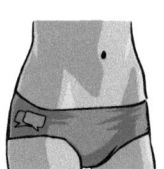

ბარძაყი

臀部

მუხლი

膝蓋

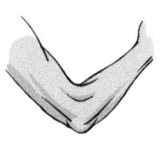

იდაყვი

手肘

ცხვირი

鼻子

დუნდულა

屁股

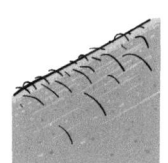

კანი

皮膚

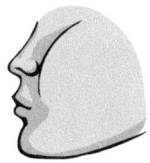

ლოყა

臉頰

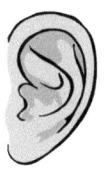

ყური

耳朵

ტუჩი

嘴唇

პირი

嘴

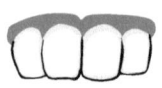

კბილი

牙齒

ენა

舌頭

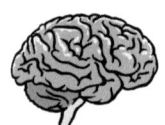

ტვინი

腦

გული

心臟

კუნთი

肌肉

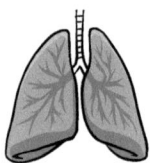

ფილტვი

肺

ღვიძლი

肝臟

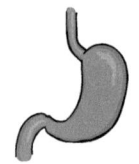

კუჭი

胃

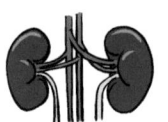

თირკმელები

腎臟

სექსი

性交

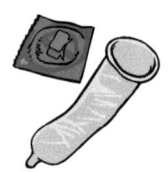

პრეზერვატივი

保險套

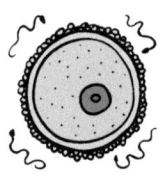

კვერცხუჯრედი

卵子

სპერმა

精子

ორსულობა

懷孕

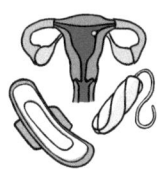

მენსტრუაცია

月事

საშო

陰道

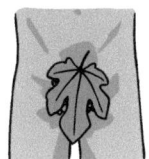

პენისი

陰莖

წარბი

眉毛

თმა

頭髮

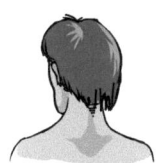

კისერი

脖子

საავადმყოფო
醫院

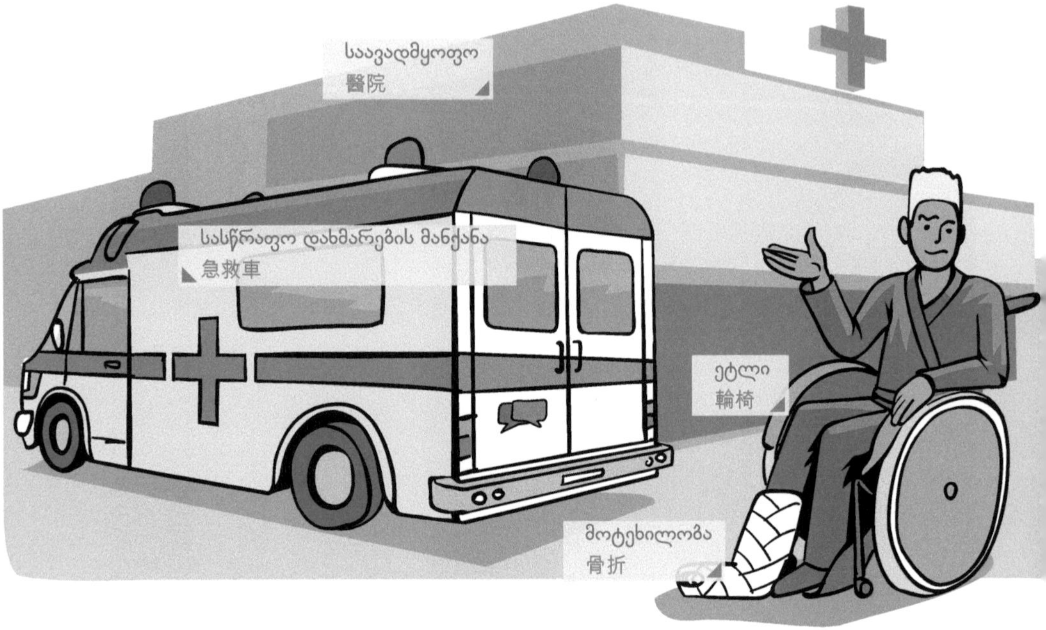

საავადმყოფო
醫院
სასწრაფო დახმარების მანქანა
急救車
ეტლი
輪椅
მოტეხილობა
骨折

ექიმი

醫師

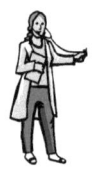

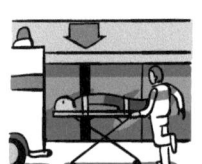

პირველი დახმარების ოთახი

急診室

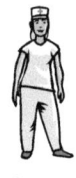

მედდა

護理師

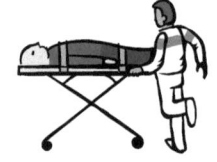

გადაუდებელი შემთხვევა

緊急情形

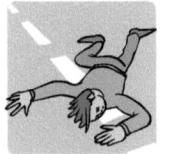

უგონოდ მყოფი

昏迷

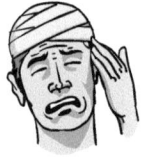

ტკივილი

痛

დაზიანება

受傷

სისხლდენა

出血

გულის შეტევა

心臟病發作

ინსულტი

中風

ალერგია

過敏

ხველა

咳嗽

ცხელება

發燒

გრიპი

流感

დიარეა

腹瀉

თავის ტკივილი

頭痛

კიბო

癌症

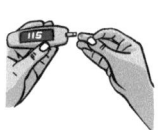

დიაბეტი

糖尿病

ქირურგი

外科醫師

სკალპელი

手術刀

ოპერაცია

手術

კტ

電腦斷層掃描

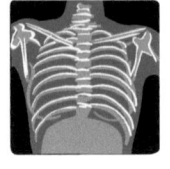

რენტგენი

X光

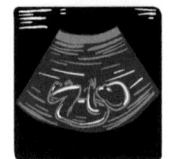

ულტრაბგერა

超音波

ნიღაბი

口罩

დაავადება

疾病

მოსაცდელი ოთახი

候診室

ყავარჯენი

拐杖

თაბაშირი

石膏

ბინტი

繃帶

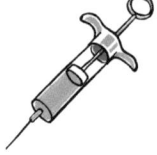

ინექცია

注射

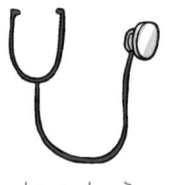

სტეტოსკოპი

聽診器

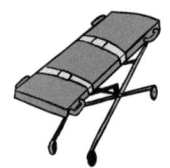

საკაცე

擔架

თერმომეტრი

體溫計

დაბადება

出生

ჭარბი წონა

超重

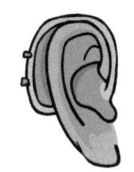

სმენის აპარატი

助聽器

სადეზინფექციო საშუალება

消毒液

ინფექცია

感染

ვირუსი

病毒

აივ / შიდსი

愛滋病

წამალი

藥物

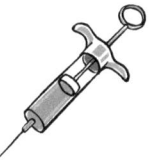

ვაქცინაცია

接種疫苗

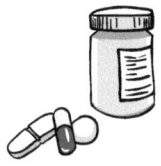

ტაბლეტები

藥片

აბი

藥丸

გადაუდებელი გამოძახება

急救電話

წნევის საზომი აპარატი

血壓計

ავადმყოფი / ჯანმრთელი

生病/健康

გადაუდებელი შემთხვევა
緊急情形

დამეხმარეთ!

救命！

განგაში

警報

თავდასხმა

突擊

შეტევა

攻擊

საფრთხე

危險

სათადარიგო გასასვლელი

緊急出口

ხანძარი!

失火了！

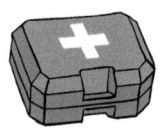

ცეცხლსაქრობი

滅火器

უბედური შემთხვევა

意外

პირველადი დახმარების აფთიაქი

急救箱

SOS

呼救訊號

პოლიცია

員警

ევროპა

歐洲

ჩრდილოეთ ამერიკა

北美洲

სამხრეთ ამერიკა

南美洲

აფრიკა

非洲

აზია

亞洲

ავსტრალია

澳洲

ატლანტიკა

大西洋

წყნარი ოკეანე

太平洋

ინდოეთის ოკეანე

印度洋

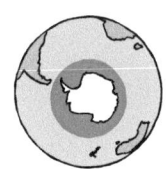

ანტარქტიკის ოკეანე

南冰洋

ჩრდილოეთის ყინულოვანი
ოკეანე

北冰洋

ჩრდილოეთ პოლუსი

北極

სამხრეთ პოლუსი

南極

ანტარქტიდა

南極洲

დედამიწა

地球

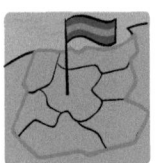

ხმელეთი

陸地

ზღვა

海

კუნძული

島

ერი

國家

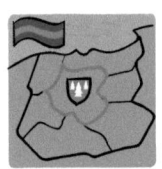

სახელმწიფო

州

დედამიწა - 地球

საათი

鐘錶

ციფერბლატი

錶盤

საათების ისარი

時針

წუთების ისარი

分針

წამების ისარი

秒針

რომელი საათია?

現在幾點？

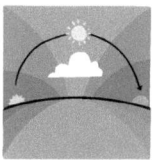

დღე

天

დრო

時間

ახლა

現在

ციფრული საათი

電子錶

წუთი

分

საათი

時

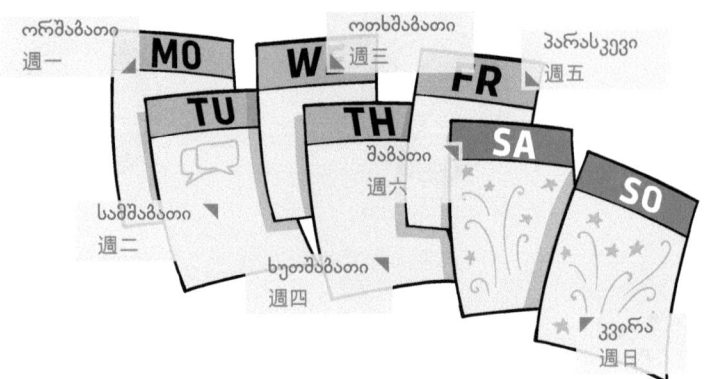

ორშაბათი 週一
სამშაბათი 週二
ოთხშაბათი 週三
ხუთშაბათი 週四
შაბათი 週六
პარასკევი 週五
კვირა 週日

გუშინ

昨天

დღეს

今天

ხვალ

明天

დილა

早晨

შუადღე

中午

საღამო

晚上

სამუშაო დღეები

工作日

შაბათი-კვირა

週末

წელი
年

წვიმა
雨
ცისარტყელა
彩虹
ქარი
風
თოვლი
雪
გაზაფხული
春
შემოდგომა
秋
ზაფხული
夏
ზამთარი
冬

4.APRIL 11°
5.APRIL 4°
6.APRIL 13°
7.APRIL 8°
8.APRIL 10°

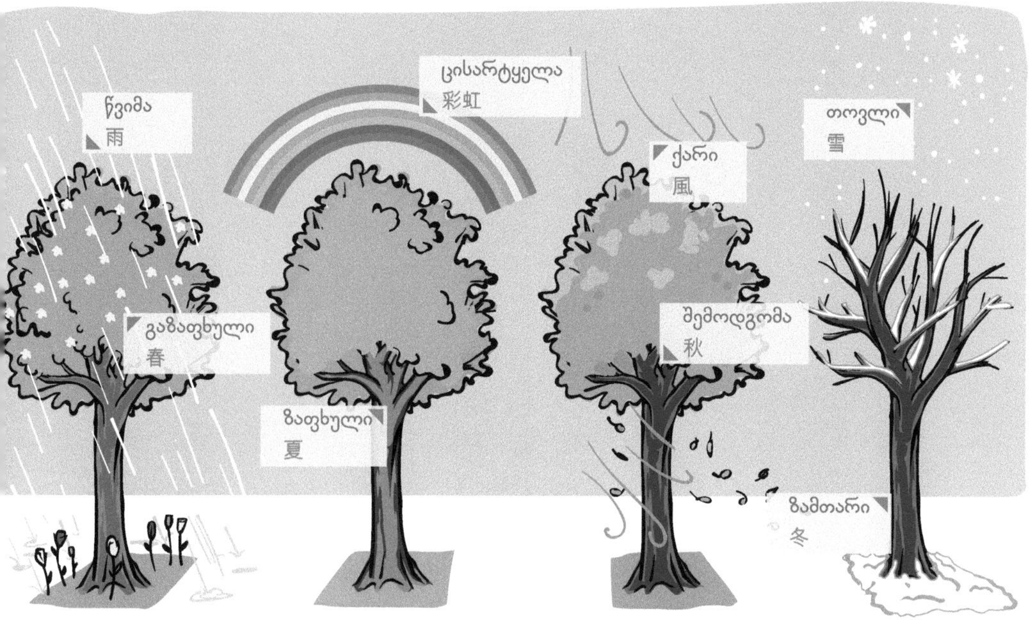

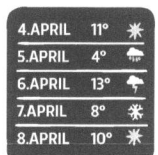

ამინდის პროგნოზი

天氣預告

F
C
120
90
60
30
0
-30
40
30
20
10
0
-10
-20

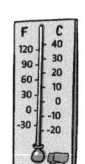

თერმომეტრი

溫度計

მზის სხივი

陽光

ღრუბელი

雲

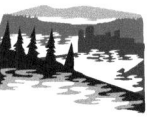

ნისლი

霧

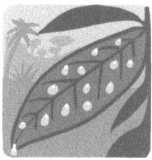

ტენიანობა

潮濕

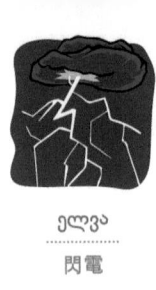

ელვა

閃電

ქუხილი

打雷

შტორმი

風暴

სეტყვა

冰雹

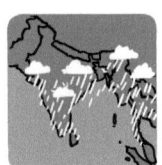

მუსონი

季風

წყალდიდობა

洪水

ყინული

冰

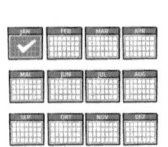

იანვარი

一月

თებერვალი

二月

მარტი

三月

აპრილი

四月

მაისი

五月

ივნისი

六月

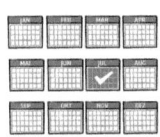

ივლისი

七月

აგვისტო

八月

წელი - 年

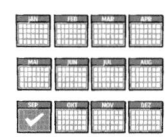

სექტემბერი

九月

ოქტომბერი

十月

ნოემბერი

十一月

დეკემბერი

十二月

ფორმები

形狀

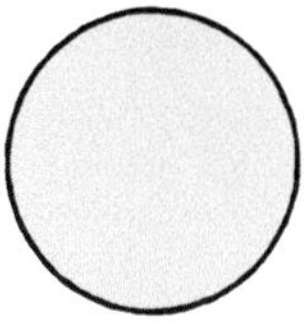

წრე

圓形

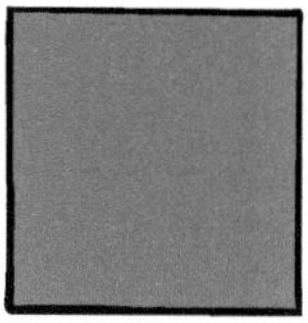

კვადრატი

正方形

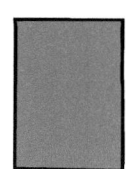

მართკუთხედი

長方形

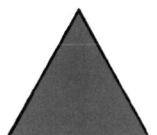

სამკუთხედი

三角形

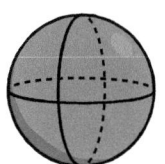

სფერო

球體

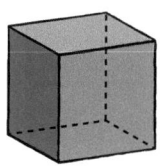

კუბი

立方體

ფერები
顏色

თეთრი

白

ყვითელი

黃

ნარინჯისფერი

橙

ვარდისფერი

粉

წითელი

紅

იისფერი

紫

ცისფერი

藍

მწვანე

綠

ყავისფერი

棕

ნაცრისფერი

灰

შავი

黑

ბევრი / ცოტა

很多/少許

გაბრაზებული / მშვიდი

生氣/平靜

ლამაზი / მახინჯი

美/醜

დასაწყისი / დასასრული

首/尾

დიდი / პატარა

大/小

ნათელი / მუქი

明/暗

ძმა / და

兄弟/姐妹

სუფთა / ჭუჭყიანი

乾淨/骯髒

სრული / არასრული

完整/缺失

დღე / ღამე

白天/晚上

მკვდარი / ცოცხალი

死/生

განიერი / ვიწრო

寬/窄

საჭმელად ვარგისი /
საჭმელად უვარგისი

可食用/非食用

ბოროტი / კეთილი

邪惡/善良

შთამბეჭდავი / მოსაწყენი

興奮/無聊

სქელი / თხელი

胖/瘦

პირველი / ბოლო

第一/最後

მეგობარი / მტერი

朋友/敵人

სრული / ცარიელი

滿/空

მყარი / რბილი

硬/軟

მძიმე / მსუბუქი

重/輕

მოშიებული / მწყურვალე

餓/渴

ავადმყოფი / ჯანმრთელი

生病/健康

 არალეგალური /
ლეგალური

非法/合法

ინტელექტუალი / სულელი

聰明/愚笨

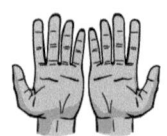

მარცხენა / მარჯვენა

左/右

ახლოს / შორს

近/遠

86   საპირისპიროები - 反義詞

ახალი / გამოყენებული

新/舊

არაფერი / რაღაცა

沒有/有些

მოხუცი / ახალგაზრდა

老/幼

ჩართვა / გამორთვა

開/關

ღია / დახურული

打開/闔上

ჩუმი / ხმამაღალი

安靜/吵鬧

მდიდარი / ღარიბი

富/窮

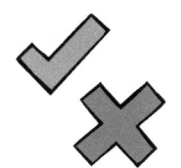

მართალი / მტყვანი

對/錯

უხეში / გლუვი

粗糙/光滑

სევდიანი / ბედნიერი

傷心/高興

მოკლე / გრძელი

短/長

ნელი / სწრაფი

慢/快

სველი / მშრალი

濕/乾

თბილი / გრილი

溫暖/涼爽

ომი / მშვიდობა

戰爭/和平

რიცხვები
數字

0	1	2
ნული	ერთი	ორი
零	一	二
3	4	5
სამი	ოთხი	ხუთი
三	四	五
6	7	8
ექვსი	შვიდი	რვა
六	七	八
9	10	11
ცხრა	ათი	თერთმეტი
九	十	十一

12
თორმეტი
十二

13
ცამეტი
十三

14
თოთხმეტი
十四

15
თხუთმეტი
十五

16
თექვსმეტი
十六

17
ჩვიდმეტი
十七

18
თვრამეტი
十八

19
ცხრამეტი
十九

20
ოცი
二十

100
ასი
百

1.000
ათასი
千

1.000.000
მილიონი
百萬

ენები
語言

ინგლისური

英語

ამერიკული ინგლისური

美式英語

ჩინური მანდარინი

普通話

ჰინდი

印地語

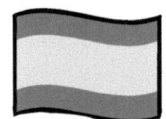

ესპანური

西班牙語

ფრანგული

法語

არაბული

阿拉伯語

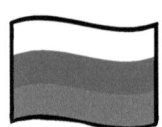

რუსული

俄語

პორტუგალიური

葡萄牙語

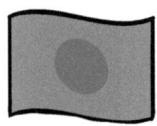

ბენგალური

孟加拉語

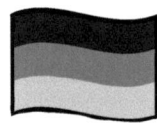

გერმანული

德語

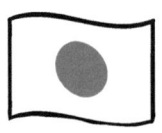

იაპონური

日語

ვინ / რა / როგორ

誰/什麼/如何

მე

我

შენ

你

ის / ის / იგი

他/她/它

ჩვენ

我們

თქვენ

你們

ისინი

他們

ვინ?

誰？

რა?

什麼？

როგორ?

如何？

სად?

何處？

როდის?

何時？

სახელი

名字

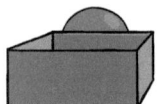

სად

方位

უკან

後面

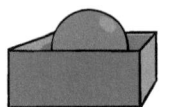

შიგნით

裡面

წინ

前面

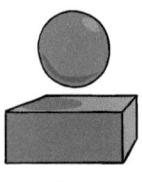

ზედ

上方

=-ზე

上面

ქვეშ

下麵

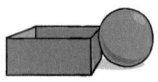

გვერდით

旁邊

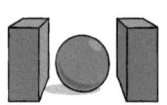

შორის

中間

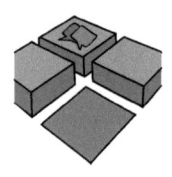

ადგილი

地點